ENGLISH TAGALOG

Topical Dictionary

By Jessy Gonzales

Table of Contents

MAIN CONCEPTS   Mga pangunahing konsepto

Pronouns   Panghalip

English	Tagalog
I , me	Ako 'y
you	Ikaw ay
he	Niya
she	Siya ay
it	Ito
we	Tayo ay mga
you	Mo
they	Sila

Basic phrases   Mga pangunahing kataga

English	Tagalog
Hello!	Hello!
Hello!	Hello!
Good morning!	Magandang umaga!
Good afternoon!	Magandang hapon na!
Good evening!	Magandang gabi!
to say hello	upang sabihin Hello
Hi!	Hi!
greeting	pagbati
to greet	upang salubungin

How are you?	Kumusta ka?
What's new?	Ano'ng bago?
Bye-Bye! Goodbye!	Paalam! Paalam!
See you soon!	Makikita mo agad!
to say goodbye	na sabihin Paalam
Cheers!	Cheering!
Thank you!	Salamat sa iyo!
Thank you very much!	Maraming Salamat po!
My pleasure!	Aking kasiyahan!
Don't mention it!	Huwag banggitin ito!
Excuse me!	Bigyang-katwiran mo ako!
to excuse	upang bigyang-katwiran
to apologize	sa paumanhin
My apologies	My paumanhin
I'm sorry!	Sori po!
It's okay!	Okey lang!
please	Mangyaring
Don't forget!	Huwag kalimutan!
Certainly!	Tiyak na!
Of course not!	Siyempre hindi!
Okay!	Okey!
That's enough!	Sapat na iyan!

How to address a person   Paggamot

| mister, sir | Mister |

madam	Mrs
miss	Babae
young man	Kabataang lalaki
young man	Batang
miss	Ang babae

Numbers from 0 to 100 Mga numero mula 0 hanggang 100

zero	zero
one	isa
two	dalawang
three	tatlong
four	apat na
five	limang
six	anim na
seven	pitong
eight	walong
nine	siyam na
ten	sampung
eleven	labing-isang
twelve	Labindalawang
thirteen	Labintatlong
fourteen	labing-apat
fifteen	labinlimang
sixteen	labing-anim na

seventeen	labimpitong
eighteen	labingwalong
nineteen	labinsiyam
twenty	dalawampu 't
twenty-one	dalawampu 't isang
twenty-two	dalawampu't-dalawang
twenty-three	dalawampu 't tatlong
thirty	tatlumpung
thirty-one	tatlumpung-isang
thirty-two	32
thirty-three	33
forty	40
forty-one	41
forty-two	42
forty-three	43
fifty	50
fifty-one	51
fifty-two	52
fifty-three	53
sixty	60
sixty-one	61
sixty-two	62
sixty-three	63
seventy	70

seventy-one	71
seventy-two	72
seventy-three	73
eighty	80
eighty-one	81
eighty-two	82
eighty-three	83
ninety	90
ninety-one	91
ninety-two	92
ninety-three	93

Numbers from 100 to milliardMga numero mula 100 hanggang milliard

one hundred	100
two hundred	200
three hundred	300
four hundred	400
five hundred	500
six hundred	600
seven hundred	700
eight hundred	800
nine hundred	900
thousand	libong
two thousand	2000
three thousand	3000

ten thousand	10000
one hundred thousand	100,000
million	milyong
billion	bilyong

Ordinal Numbers

first	unang
second	Ikalawang
third	ikatlong
fourth	ikaapat na
fifth	ikalimang
sixth	ikaanim na
seventh	ikapitong
eighth	ikawalong
ninth	ikasiyam na
tenth	ikasampung bahagi

Fractions   Fractions

fraction	maliit bahagi
one half	isang kalahati
one third	isang ikatlong
one quarter	isang quarter
one eighth	isang ikawalong
one tenth	isang ikasampung
two thirds	dalawang dalawang-katlo

| three quarters | tatlong sulok |

Mathematical Operations — Matematika operasyon

subtraction	pagbabawas
to subtract	upang magbawas
division	Division
to divide	upang hatiin
addition	karagdagan
to add up	upang magdagdag ng up
to add	upang magdagdag ng
multiplication	pagpaparami
to multiply	na magpakarami

Words involved in calculations — Mga salitang kasama sa kalkulasyon

figure	Figure
number	bilang
numeral	numerong
minus	minus
plus	Plus
formula	formula
calculation	Pagkalkula
to count	upang bilangin
to compare	upang ihambing
How much?	Magkano?
How many?	Ilan?

sum, total	sum, kabuuang
result	resulta
remainder	nalalabi
a few ...	ang ilang ...
few ...	ilang ...
the rest	ang natitirang bahagi
one and a half	isa at kalahating
dozen	dosenang
in half	sa kalahati
equally	pantay
half	kalahati
time	oras

Most important Verbs — Pinaka mahalagang pandiwa

to run	upang tumakbo
to be afraid	na matakot
to take	na kumuha
to be	maging
to see	para makita
to own	sa sariling
to object	sa bagay
to come in	na dumating sa
to choose	na pumili
to go out	lumabas

to speak	magsalita
to cook	upang lutuin
to give	na magbigay
to do	na gawin
to trust	na magtiwala
to think	na mag-isip
to complain	upang magreklamo
to wait	na maghintay
to forget	na kalimutan
to have breakfast	upang magkaroon ng almusal
to order	upang mag-order
to finish	para matapos
to notice	upang mapansin
to write down	na isulat ang
to defend	upang ipagtanggol
to call	na tumawag
to know	malaman
to know	malaman
to play	upang i-play
to go	na pumunta
to excuse	upang bigyang-katwiran
to change	upang baguhin
to study	na pag-aralan
to have	na magkaroon

to be interested in ...	upang maging interesado sa ...
to inform	upang ipaalam sa
to look for ...	upang tumingin para sa ...
to control	upang makontrol
to steal	upang nakawin
to shout	na sumigaw
to go for a swim	para pumunta sa paglangoy
to fly	upang lumipad
to catch	upang mahuli
to break	upang basagin
to love	na mahalin ang
to pray	na manalangin
to keep silent	na panatilihing tahimik
can	Maaari
to observe	upang obserbahan
to hope	sa pag-asa
to punish	upang parusahan
to insist	upang igiit
to find	upang mahanap
to begin	upang simulan ang
to underestimate	upang maliitin
to fancy	sa magarbong
to have lunch	na may tanghalian
to promise	upang mangako

to deceive	upang linlangin
to discuss	upang talakayin
to unite	upang magkaisa
to explain	para ipaliwanag
to mean	na ibig sabihin
to liberate	upang palayain
to insult	sa paghamak
to stop	upang ihinto
to answer	na sagutin
to guess right	upang hulaan ang tama
to refuse	upang tanggihan
to open	upang buksan
to send	upang ipadala
to hunt	upang manghuli
to make a mistake	upang gumawa ng isang pagkakamali
to fall	upang mahulog
to translate	upang magsalin
to write	na isulat
to swim	upang lumangoy
to cry	upang umiyak
to plan	na magplano
to pay	na magbayad
to turn	upang i-on
to repeat	upang ulitin

to sign	upang mag-sign
to give a hint	upang magbigay ng isang hint
to show	upang ipakita
to help	para tulungan ang
to understand	na maunawaan
to expect	upang asahan
to propose	upang imungkahi
to prefer	na mas gusto
to warn	upang balaan
to stop	upang ihinto
to invite	para maanyayahan
to arrive	na dumating
to order	upang mag-order
to belong to ...	upang mapabilang sa ...
to try	upang subukan
to sell	upang magbenta
to continue	na magpatuloy
to pronounce	upang magbigay
to miss	na makaligtaan
to ask	Itanong sa
to forgive	patawarin ang
to hide	upang itago
to confuse, to mix up	upang lituhin, upang halo up
to work	na magtrabaho

to permit	upang pahintulutan
to count on ...	upang bilangin sa ...
to reserve, to book	upang Magreserba, sa Aklat
to recommend	upang magrekomenda
to drop	upang drop
to scold	para pagalitan ang
to run, to manage	upang tumakbo, upang pamahalaan
to dig	upang maghukay
to sit down	upang umupo
to say	Sabihin sa
to follow ...	upang sundin ...
to hear	na marinig
to laugh	na tumawa
to rent	upang rent
to advise	upang payuhan
to agree	upang sumang-ayon
to regret	na pinagsisisihan
to create	upang lumikha ng
to doubt	na mag-alinlangan
to keep	sundin ang
to save, to rescue	upang magligtas, sagipin
to ask	Itanong sa
to come down	na bumaba
to compare	upang ihambing

to cost	sa gastos
to shoot	sa shoot
to exist	na umiiral
to count	upang bilangin
to hurry	upang magmadali
to demand	upang demand
to be needed	na kailangan
to touch	upang hawakan
to kill	upang patayin
to threaten	upang takutin
to be surprised	na magulat
to have dinner	na magkaroon ng hapunan
to decorate	upang gayakan
to smile	na ngumiti
to mention	sa banggitin
to participate	na makibahagi
to boast	upang ipagyabang
to want	na gusto
to be hungry	na magutom
to be thirsty	na maging nauuhaw
to read	na basahin ang
to joke	sa biro

Colors Kulay

colour	kulay

shade	lilim
hue	kulay
rainbow	bahaghari
white	puting
black	itim
grey	Grey
green	Green
yellow	dilaw na
red	Pulang
blue	asul
light blue	Light Blue
pink	pink
orange	orange
violet	Violet
brown	Brown
golden	ginintuang
silvery	silvery
beige	beige
cream	cream
turquoise	turkesa
cherry red	cherry pulang
lilac	Lila
crimson	matingkad
light	liwanag

dark	madilim
bright	maliwanag
coloured	kulay
colour	kulay
black-and-white	itim at puti
plain	malinaw
multicoloured	multicoloured

Most Popular Questions — Pinaka-popular na mga tanong

Questions	Mga tanong
Who?	Na?
What?	Ano ang?
Where?	Kung saan?
Where?	Kung saan?
Where ... from?	Kung saan ... mula sa?
When?	Kapag?
Why?	Bakit?
What for?	Ano para sa?
How?	Paano?
Which?	Na?
To whom?	Para kanino?
About whom?	Tungkol kanino?
About what?	Tungkol saan?
With whom?	Kanino?

How many?	Ilan?
How much?	Magkano?
Whose?	Na?

Prepositions — Mga paunang posisyon

with	sa
without	walang
to	sa
about	tungkol sa
before	bago
under	ilalim
above	itaas
on	sa
from	mula sa
of	ng
in	sa
over	sa

Basic Introductory Words and Adverbs — Pangunahing pambungad na salita at Adverbs

Where?	Kung saan?
here	dito
there	may
somewhere	lugar
nowhere	wala kahit saan
by	ng

by the window	ng bintana
Where?	Kung saan?
here	dito
there	may
from here	mula rito
from there	mula roon
close	malapit
far	malayo
not far	hindi malayo
left	Kaliwa
on the left	sa kaliwa
to the left	sa kaliwa
right	tama
on the right	sa tamang
to the right	sa tamang
in front	sa harap
front	harap
ahead	nang maaga
behind	likod
from behind	mula sa likod
back	bumalik
middle	gitna
in the middle	sa gitna
at the side	sa gilid

everywhere	dako
around	paligid
from inside	mula sa loob
somewhere	lugar
straight	tuwid
back	bumalik
from anywhere	mula sa kahit saan
from somewhere	mula sa isang lugar
firstly	una
secondly	Pangalawa
thirdly	Pangatlo
suddenly	biglang
at first	sa unang
for the first time	sa unang pagkakataon
long before ...	matagal na bago ...
for good	para sa kabutihan
never	hindi kailanman
again	muli
now	ngayon
often	madalas
then	Pagkatapos ay
urgently	mapilit
usually	karaniwang
by the way, ...	sa pamamagitan ng ang paraan, ...

possible	posible
probably	Marahil
maybe	Siguro
besides ...	Bukod ...
that's why ...	iyon ang dahilan kung bakit ...
in spite of...	sa kabila ng ...
thanks to ...	Salamat sa ...
what	Ano ang
that	na
something	isang bagay
anything, something	anuman, isang bagay
nothing	walang
who	na
someone	isang taong
somebody	isang tao
nobody	walang
nowhere	wala kahit saan
nobody's	walang sinuman
somebody's	ng isang tao
so	kaya
also	din
too	masyadong

Why?	Bakit?
for some reason	sa ilang kadahilanan
because ...	dahil ...
and	at
or	o
but	Ngunit
for	para sa
too	masyadong
only	lamang
exactly	eksakto
about	tungkol sa
approximately	humigit-kumulang
approximate	tinatayang
almost	halos
the rest	ang natitirang bahagi
the other	ang iba pang
other	iba pang
each	bawat
any	anumang
much	Magkano
many	maraming
many people	maraming tao

all	lahat
in exchange for…	kapalit ng …
in exchange	sa exchange
by hand	pamamagitan ng kamay
hardly	halos hindi
probably	Marahil
on purpose	sa layunin
by accident	ayon sa aksidente
very	napaka
for example	halimbawa
between	pagitan ng
among	sa
so much	kaya magkano
especially	lalo na

Days of the week Araw ng Linggo

Monday	Lunes
Tuesday	Martes
Wednesday	Miyerkules
Thursday	Huwebes
Friday	Biyernes
Saturday	Sabado
Sunday	Linggo
today	ngayon

tomorrow	bukas
the day after tomorrow	Kinabukasan pagkatapos bukas
yesterday	kahapon
the day before yesterday	ang araw bago kahapon
day	araw
working day	araw ng trabaho
public holiday	pampublikong holiday
day off	araw off
weekend	katapusan linggo
all day long	buong araw ang haba
next day	susunod na araw
two days ago	dalawang araw na ang nakakaraan
the day before	ang araw bago
daily	araw-araw
every day	araw-araw
week	Linggo
last week	Huling linggo
next week	susunod na linggo
weekly	lingguhang
every week	bawat linggo
twice a week	dalawang beses sa isang linggo
every Tuesday	tuwing Martes

Times of Day · Oras ng araw

| morning | umaga |

in the morning	sa umaga
noon, midday	tanghali, tanghali
in the afternoon	sa Hapon
evening	evening
in the evening	sa gabi
night	gabi
at night	sa gabi
midnight	hatinggabi
second	Ikalawang
minute	minuto
hour	oras
half an hour	kalahating oras
quarter of an hour	isang-kapat ng isang oras
fifteen minutes	labinlimang minuto
twenty four hours	dalawampu 't apat na oras
sunrise	pagsikat ng araw
dawn	bukang-liwayway
early morning	maagang umaga
sunset	paglubog ng araw
early in the morning	sa madaling-araw
today in the morning	ngayon sa umaga
tomorrow moning	bukas moning
this afternoon	ngayong hapon
in the afternoon	sa Hapon

tomorrow afternoon	bukas ng Hapon
tonight	ngayong gabi
tomorrow night	bukas ng gabi
at 3 o'clock sharp	sa 3 o'clock matalim
about 4 o'clock	tungkol sa 4 o'clock
by 12 o'clock	sa pamamagitan ng 12 o'clock
in 20 minutes	sa 20 minuto
in an hour	sa isang oras
on time	sa oras
a quaretr to…	isang quaretr sa …
withing an hour	wibagay ng isang oras
every 15 minutes	bawat 15 minuto
round the clock	ikot ng orasan

Seasons   Panahon

January	Enero
February	Pebrero
March	Marso
April	Abril
May	Maaaring
June	Hunyo
July	Hulyo
August	Agosto
September	Setyembre

October	Oktubre
November	Nobyembre
December	Disyembre
spring	tagsibol
in spring	sa tagsibol
spring	tagsibol
summer	tag-init
in summer	sa tag-araw
summer	tag-init
autumn	taglagas
in autumn	sa tag-lagas
autumn	taglagas
winter	taglamig
in winter	sa taglamig
winter	taglamig
month	buwan
this month	sa buwang ito
next month	susunod na buwan
last month	nakaraang buwan
a month ago	isang buwan ang nakalipas
in a month	sa isang buwan
in two months	sa dalawang buwan
a whole month	isang buong buwan
all month long	lahat ng buwan ang haba

monthly	buwanang
bi-monthly	bi
every month	bawat buwan
twice a month	dalawang beses sa isang buwan
year	taon
this year	ngayong taon
next year	susunod na taon
last year	nakaraang taon
a year ago	Noong isang taon
in a year	sa isang taon
in two years	sa dalawang taon
a whole year	isang buong taon
all year long	buong taon na ang haba
every year	taun-taon
annual	Taunang
annually	taun-taon
4 times a year	4 na beses sa isang taon
date	petsa
date	petsa
calendar	kalendaryo
half a year	kalahating taon
six months	anim na buwan
season	panahon
century	siglo

time	oras
instant	instant
instant	instant
period	panahon
life	buhay
eternity	kawalang-hanggan
epoch	epoka
era	Era
cycle	cycle
term , period	term, panahon
the future	ang hinaharap
future	hinaharap
next time	susunod na oras
the past	ang nakaraan
past	nakaraang
last time	huling pagkakataon
later	Kalaunan
after	Matapos
nowadays	kasalukuyan
now	ngayon
immediately	kaagad
soon	lalong madaling panahon

in advance	nang maaga
a long time ago	noong unang panahon
recently	kamakailan
destiny	tadhana
memories	alaala
archives	Archive
during ...	sa panahon ...
long, a long time	mahaba, mahabang panahon
not long	hindi pa natatagalan
early	maagang
late	huli
forever	magpakailanman
to start	upang simulan ang
to postpone	upang ipagpaliban
at the same time	sa parehong oras
permanently	permanenteng
constant	palagiang
temporary	pansamantalang
sometimes	kung minsan
rarely	bihirang
often	madalas

The main antonyms   Ang pangunahing antonim

| rich | Mayaman |
| poor | Maralita |

ill, sick	Maysakit, maysakit
healthy	Malusog
big	Malaking
small	Maliit na
quickly	Mabilis
slowly	Dahan-dahan
fast	Mabilis
slow	Mabagal
cheerful	Masaya
sad	Malungkot
together	Sama-samang
separately	Nang hiwalay
aloud	Nang malakas
silently	Tahimik
tall	Matangkad
low	Mababang
deep	Malalim
shallow	Mababaw
yes	Oo
no	Walang
distant	Malayo
nearby	Kalapit na
far	Malayo
nearby	Kalapit na

long	Mahabang
short	Maikling
good	Mabuti
evil	Masamang
married	Ikinasal
single	Single
to forbid	upang pagbawalan
to permit	Upang pahintulutan
end	Katapusan
beginning	Simula
left	Kaliwa
right	Tama
first	Unang
last	Huling
crime	Krimen
punishment	Kaparusahan
to order	Upang mag-order
to obey	Sundin
straight	Tuwid
curved	Hubog
heaven	Langit
hell	Impiyerno
to be born	Upang maipanganak
to die	Upang mamatay

strong	Malakas
weak	Mahina
old	Lumang
young	Young
old	Lumang
new	Bagong
hard	Mahirap
soft	Malambot
warm	Mainit
cold	Malamig
fat	Taba
slim	Slim
narrow	Makitid
wide	Malawak
good	Mabuti
bad	Masamang
brave	Matapang
cowardly	Duwag

Geometric shapes   Geometric hugis

square	Square
square	Square
circle	Round
round	Round

triangle	Tatsulok
triangular	Tatsulok
oval	Hugis-itlog
oval	Hugis-itlog
rectangle	Parihaba
rectangular	Hugis-parihaba
pyramid	Pyramid
rhombus	Rako bus
trapezium	Trapezium
cube	Cube
prism	Prisma
circumference	Circumference
sphere	Mundo
globe	Mundo
diameter	Diameter
radius	Radius
perimeter	Perimeter
centre	Centre
horizontal	Pahalang
vertical	Vertical
parallel	Kahilera
parallel	Kahilera
line	Linya
stroke	Stroke

straight line	Tuwid na linya
curve	Curve
thin	Manipis
contour	Tabas
intersection	Intersection
right angle	Kanang anggulo
segment	Segment
sector	Sektor
side	Magkabilang panig
angle	Anggulo

Measures Panukala

weight	Timbang
length	Haba
width	Lapad
height	Taas
depth	Lalim
volume	Dami
area	Area
gram	Gramo
milligram	Miligram
kilogram	Kilo
ton	tonelada
pound	Libra
ounce	onsa

metre	Meters
millimetre	Millimetre
centimetre	Centimetre
kilometre	Kilometre
mile	Milya
inch	Pulgada
foot	Mga paa
yard	Bakuran
square metre	Square meters
hectare	Acres
litre	Litro
degree	Degree
volt	Bolta
ampere	Ampere
horsepower	Lakas-kabayo
quantity	Dami
a little bit of ...	Isang maliit na piraso ng ...
half	Kalahati
dozen	Dosenang
piece	Piraso
size	Laki
scale	Scale
minimum	Minimum
the smallest	Ang pinakamaliit na

medium	Daluyan
maximum	Maximum na
the largest	Ang pinakadakilang

Capacities Kakayahan

jar	Garapon
tin	Mga lata
bucket	Bucket
barrel	Bariles
basin	Silong
tank	Tangke
hip flask	Hip Flitanong
jerry can	Jerry ay maaaring
cistern	Tipunan
mug	Tabo
cup	Tasa
saucer	Platito
glass (tumbler)	Glass (baso)
glass	Salamin
stew pot	Nilagang palayok
bottle	Bote
neck	Leeg
carafe	Carafe
jug	Bote

vessel	Sisidlan
pot	Palayok
vase	Plorera
bottle	Bote
vial, small bottle	Mangkok, maliit na bote
tube	Tubo
sack (bag)	Sako (bag)
bag	Bag
packet	Packet
box	Kahon
box	Kahon
basket	Basket

Materials   Ang mga materyal

material	Materyal
wood	Kahoy
wooden	Kahoy
glass	Salamin
glass	Salamin
stone	Bato
stone	Bato
plastic	Plastic
plastic	Plastic
rubber	Goma
rubber	Goma

material, fabric	Materyal, tela
fabric	Tela
paper	Papel
paper	Papel
cardboard	Karton
cardboard	Karton
polythene	Polythene
cellophane	Selopeyn
linoleum	Tapete
plywood	Playwud
porcelain	Porselana
porcelain	Porselana
clay	Putik
clay	Putik
ceramics	Keramika
ceramic	Karamik

Metalls   Metalls

metal	Metal
metal	Metal
alloy	Haluang metal
gold	Ginto
gold, golden	Ginto, Golden
silver	Pilak

silver	Pilak
iron	Bakal
iron, made of iron	Bakal, ginawa sa bakal
steel	Asero
steel	Asero
copper	Tumbaga
copper	Tumbaga
aluminium	Aluminyo
aluminium	Aluminyo
bronze	Tanso
bronze	Tanso
brass	Tanso
nickel	Magtubog
platinum	Platinum
mercury	Mercury
tin	Mga lata
lead	Humantong
zinc	Sink

Human   **Mga tao**

human being	Mga taong
man	Mga tao
woman	Babae

child	Mga anak
girl	Babae
boy	Batang babae
teenager	Tinedyer
old man	Matandang lalaki
old woman	Matandang babae

Anatomy   Anatomiya

organism	Organismo
heart	Puso
blood	Dugo
artery	Ugat
vein	Ugat
brain	Utak
nerve	Nerve
nerves	Twitter
vertebra	Vertebra
spine	Gulugod
stomach	Tiyan
intestines	Bituka
intestine	Bituka
liver	Atay
kidney	Bato
bone	Buto

skeleton	Balangkas
rib	Rib
skull	Bungo
muscle	Kalamnan
biceps	Biceps
triceps	Triseps
tendon	litid
joint	Kabilang
lungs	Baga
genitals	Maselang bahagi katawan
skin	Balat

Head Ulo

head	Ulo
face	Mukha
nose	Ilong
mouth	Bibig
eye	Mga mata
eyes	Ang mga mata
pupil	Mga estudyante
eyebrow	Kilay
eyelash	Tina para pilikmata
eyelid	Takipmata
tongue	Wika
tooth	Ngipin

lips	Mga labi
cheekbones	Cheekbuto
gum	Gum
palate	Ngalangala
nostrils	Ilong
chin	Baba
jaw	Panga
cheek	Pisngi
forehead	Noo
temple	Templo
ear	Mga tainga
back of the head	Likod ng ulo
neck	Leeg
throat	Lalamunan
hair	Buhok
hairstyle	Hairstyle
haircut	Gupit
wig	Peluka
moustache	Moustache
beard	Balbas
to have	Na magkaroon
plait	Plait
sideboards	Sideboards
red-haired	Pulang buhok

grey	Grey
bald	Kalbo
bald patch	Kalbo patch
ponytail	Maluwag
fringe	Palawit

Body Parts Katawan bahagi

hand	Mga kamay
arm	Bisig
finger	Daliri
thumb	Hinlalaki
little finger	Maliit na daliri
nail	Kuko
fist	Kamao
palm	Palm
wrist	Pulso
forearm	Bisig
elbow	Siko
shoulder	Balikat
leg	Binti
foot	Mga paa
knee	Tuhod
calf	Guya
hip	Balakang

heel	Sakong
body	Katawan
stomach	Tiyan
chest	Dibdib
breast	Dibdib
flank	Flank
back	Bumalik
lower back	Lower Bumalik
waist	Baywang
navel	Pusod
buttocks	Puwit
bottom	Sa ibaba
beauty mark	Beauty Mark
tattoo	Tattoo
scar	Peklat

Clothes Damit

outerwear Panlabas na

clothes	Damit
outer clothing	Panlabas na damit
winter clothing	Taglamig dress up
overcoat	Amerikana
fur coat	Ang balahibo

fur jacket	Ang balahibo
down coat	Down coats
jacket	Jacket
raincoat	Kapote
waterproof	Waterproof

Clothes   Damit

shirt	Shirt
trousers	Pantalon
jeans	Maong
jacket	Jacket
suit	Suit
dress	Damit
skirt	Palda
blouse	Blusa
knitted jacket	Niniting jackets
jacket	Jacket
T-shirt	T-shirt
shorts	Shorts
tracksuit	Tracksuit
bathrobe	Bathrobe
pyjamas	Pyas
sweater	Suwiter
pullover	Pullover
waistcoat	Waistcoat

tailcoat	Tailcoat
dinner suit	Hapunan suit
uniform	Uniporme
work wear	Magsuot ng trabaho
boiler suit	Kuluan suit
coat	Suit

Undergarments Undergarments

underwear	Damit na panloob
vest	Tsaleko
socks	Medyas
nightgown	Pantulog
bra	Bra
knee highs	Tuhod Highs
tights	) Tights
stockings	Stocking
swimsuit, bikini	Swimsuit, bikini

Hats Hoeden

hat	Hoed
trilby hat	trilby hoed
baseball cap	baseball cap
flatcap	flatcap
beret	Beret
hood	Hood

panama	Panama
knitted hat	gebreide hoed
headscarf	Hoofddoek
women's hat	vrouwenhoed
hard hat	harde hoed
forage cap	voederkap
helmet	Holm
bowler	Bowler
top hat	hoge hoed

Shoes — Schoenen

footwear	Schoeisel
ankle boots	enkellaarzen
shoes	Schoenen
boots	Laarzen
slippers	Slippers
trainers	Trainers
plimsolls, pumps	plimsolls, pompen
sandals	Sandalen
cobbler	Schoenmaker
heel	Hiel
pair	Paar
shoelace	schoenveter
to lace up	om aan veter

| shoehorn | shoehorn |
| shoe polish | schoensmeer |

Tissue Weefsel

cotton	Katoen
cotton	Katoen
flax	Vlas
flax	Vlas
silk	Zijde
silk	Zijde
wool	Wol
woollen	Wollen
velvet	Velvet
suede	Suede
corduroy	Corduroy
nylon	Nylon
nylon	Nylon
polyester	Polyester
polyester	Polyester
leather	Lederen
leather	Lederen
fur	Bont
fur	Bont

Accessories Accessories

gloves	Handschoenen
mittens	Wanten
scarf	Sjaal
glasses	Glazen
frame	Frame
umbrella	Paraplu
walking stick	wandelstok
hairbrush	Hairbrush
fan	Fan
tie	Tie
bow tie	vlinderdas
braces	Accolades
handkerchief	Zakdoek
comb	Kam
hair slide	haardia
hairpin	Haarspeld
buckle	Gesp
belt	Riem
shoulder strap	Schouderriem
bag	Zak
handbag	Handtas
rucksack	Rugzak

Damit

| fashion | Mode |

in vogue	in zwang
fashion designer	Modeontwerper
collar	Kraag
pocket	Pocket
pocket	Pocket
sleeve	Mouw
hanging loop	hangende lus
flies	Vliegt
zip	Zip
fastener	Bevestiger
button	Knop
buttonhole	Knoopsgat
to come off	om uit te komen
to sew	om te naaien
to embroider	om te borduren
embroidery	Borduurwerk
sewing needle	naainaald
thread	Draad
seam	Naad
to get dirty	om vies te worden
stain	Vlek
to crease, crumple	kreukelen, kreukelen
to tear	scheuren
clothes moth	kleding mot

toothpaste	Tandpasta
toothbrush	Tandenborstel
to clean one's teeth	om je tanden schoon te maken
razor	Razor
shaving cream	Scheerschuim
to shave	scheren
soap	Zeep
shampoo	Shampoo
scissors	Schaar
nail file	nagelvijl
nail clippers	nagelknippers
tweezers	Pincet
cosmetics	Cosmetica
face mask	gezichtsmasker
manicure	Manicure
to have a manicure	om een manicure te hebben
pedicure	Pedicure
make-up bag	make-up tas
face powder	gezichtspoeder
powder compact	poeder compact
blusher	blusher blusher
perfume	Parfum

toilet water	toiletwater
lotion	Lotion
cologne	Keulen
eyeshadow	Oogschaduw
eyeliner	Eyeliner
mascara	Mascara
lipstick	Lippenstift
nail polish	Nagellak
hair spray	haarlak
deodorant	Deodorant
cream	Room
face cream	gezichtscrème
hand cream	handcrème
anti-wrinkle cream	anti-rimpel crème
day cream	dagcrème
night cream	nachtcrème
tampon	tampon
toilet paper	Toiletpapier
hair dryer	Haardroger

Jewelry   Sieraden

jewellery	Sieraden
precious	Kostbare
hallmark	Hallmark
ring	Ring

wedding ring	trouwring
bracelet	Armband
earrings	Oorbellen
necklace	Ketting
crown	Kroon
bead necklace	kraalketting
diamond	Diamond
emerald	Emerald
ruby	Ruby
sapphire	Sapphire
pearl	Pearl
amber	Amber

Watch — Kijken

watch	Kijken
dial	Dial
hand	Hand
bracelet	Armband
watch strap	horlogeband
battery	Batterij
to be flat	om plat te zijn
to change a battery	een batterij te vervangen
to run fast	om snel te lopen
to run slow	om langzaam te lopen

wall clock	muurklok
hourglass	Zandloper
sundial	Zonnewijzer
alarm clock	Alarmklok
watchmaker	Horlogemaker
to repair	te repareren

Food   Voedsel

Food Voedsel

meat	Vlees
chicken	Kip
young chicken	jonge kip
duck	Eend
goose	Goose
game	Spel
turkey	Turkije
pork	Varkensvlees
veal	Kalfsvlees
lamb	Lam
beef	Rundvlees
rabbit	Konijn
sausage	Worst
Vienna sausage	De worst van Wenen

bacon	Spek
ham	Ham
gammon	Gammon
pate	Pate
liver	Lever
lard	Reuzel
mince	Mince
tongue	Tong
egg	Ei
eggs	Eieren
egg white	Eiwit
egg yolk	Eigeel
fish	Vis
seafood	Zeevruchten
crustaceans	Schaaldieren
caviar	Caviar
crab	Krab
prawn	Garnaal
oyster	Oyster
spiny lobster	stekelige kreeft
octopus	Octopus
squid	Squid
sturgeon	Sturgeon
salmon	Zalm

halibut	Halibut
cod	Kabeljauw
mackerel	Makreel
tuna	Tonijn
eel	Paling
trout	Forel
sardine	Sardine
pike	Pike
herring	Haring
bread	Brood
cheese	Kaas
sugar	Suiker
salt	Zout
rice	Rijst
pasta	Pasta
noodles	Noedels
butter	Boter
vegetable oil	plantaardige olie
sunflower oil	zonnebloemolie
margarine	Margarine
olives	Olijven
olive oil	Olijfolie
milk	Melk
condensed milk	gecondenseerde melk

yogurt	Yoghurt
sour cream	zure room
cream	Room
mayonnaise	Mayonaise
buttercream	boterroom
groats	Gries
flour	Bloem
tinned food	ingeblikt voedsel
cornflakes	Cornflakes
honey	Honing
jam	Jam
chewing gum	Kauwgom

Drinks — Drankjes

water	Water
drinking water	Drinkwater
mineral water	Mineraalwater
still	Nog steeds
carbonated	Koolzuurhoudende
sparkling	Mousserende
ice	Ijs
with ice	met ijs
non-alcoholic	alcoholvrij
soft drink	Frisdrank
cool soft drink	koele frisdrank

lemonade	Limonade
spirits	Geesten
wine	Wijn
white wine	witte wijn
red wine	rode wijn
liqueur	Likeur
champagne	Champagne
vermouth	Vermout
whisky	Whisky
vodka	Wodka
gin	Gin
cognac	Cognac
rum	Rum
coffee	Koffie
black coffee	zwarte koffie
white coffee	witte koffie
cappuccino	Cappuccino
instant coffee	oploskoffie
milk	Melk
cocktail	Cocktail
milk shake	milkshake
juice	Sap
tomato juice	tomatensap
orange juice	Sinaasappelsap

freshly squeezed juice	vers geperst sap
beer	Bier
lager	pils
Dark Beer	Madilim na Beer
tea	Thee
black tea	zwarte thee
green tea	groene thee

Vegetables Groenten

vegetables	Groenten
greens	Groenen
tomato	Tomaat
cucumber	Komkommer
carrot	Wortel
potato	Aardappel
onion	Ui
garlic	Knoflook
cabbage	Kool
cauliflower	Bloemkool
Brussels sprouts	Spruitjes
broccoli	Broccoli
beetroot	rode biet
aubergine	aubergine
Zucchini	Zucchini

pumpkin	Pompoen
turnip	Raap
parsley	Peterselie
dill	Dille
lettuce	Sla
celery	Selderij
asparagus	Asperges
spinach	Spinazie
pea	Pea
beans	Bonen
maize	Maïs
kidney bean	nierboon
bell pepper	paprika
radish	Radijs
artichoke	Artisjok

Fruits and Nuts   Vruchten en noten

fruit	Fruit
apple	Apple
pear	Pear
lemon	Citroen
orange	Oranje
strawberry	Aardbei
tangerine	Tangerine
plum	Plum

peach	Perzik
apricot	Abrikoos
raspberry	Framboos
pineapple	Ananas
banana	Banaan
watermelon	Watermeloen
grape	Druif
sour cherry	zure kers
sweet cherry	zoete kers
melon	Meloen
grapefruit	Grapefruit
avocado	Avocado
papaya	Papaya
mango	Mango
pomegranate	Granaatappel
redcurrant	rode bes
blackcurrant	Zwarte bessen
gooseberry	Kruisbes
bilberry	bosbes
blackberry	Blackberry
raisin	Rozijnen
fig	Fig
date	Datum
peanut	Pinda

almond | Amandel

walnut | Walnut

hazelnut | Hazelnoot

coconut | Kokosnoot

pistachios | Pistachenoten

Bread and Sweets Brood en snoep

confectionery | Suikerwerk

bread | Brood

biscuits | Koekjes

chocolate | Chocolade

chocolate | Chocolade

sweet | Zoete

cake | Cake

cake | Cake

pie | Pie

filling | Vullen

jam | Jam

marmalade | Marmelade

waffle | Wafel

ice-cream | ijs

pudding | Pudding

Courses Cursussen

course, dish | natuurlijk, schotel

cuisine	Keuken
recipe	Recept
portion	Gedeelte
salad	Salade
soup	Soep
clear soup	heldere soep
sandwich	Sandwich
fried eggs	gebakken eieren
cutlet	cutlet
hamburger	Hamburger
steak	Steak
roast meat	geroosterd vlees
garnish	Garneer
spaghetti	Spaghetti
mash	Beslag
pizza	Pizza
porridge	Pap
omelette	Omelet
boiled	Gekookt
smoked	Gerookte
fried	Gebakken
dried	Gedroogde
frozen	Bevroren
pickled	Gebeitst

sweet	Zoete
salty	Zoute
cold	Koude
hot	Hot
bitter	Bittere
tasty	Smakelijke
to cook	om te koken
to cook	om te koken
to fry	om te bakken
to heat up	om op te warmen
to salt	zout
to pepper	peper
to grate	om te raspen
peel	Peel
to peel	om te schillen

Spices and seasonings — Pampalasa at seasonings

salt	Zout
salty	Zoute
to salt	zout
black pepper	zwarte peper
red pepper	rode peper
mustard	Mosterd
horseradish	Mierikswortel

condiment	Kruiderij
spice	Spice
sauce	Saus
vinegar	Azijn
anise	Anijs
basil	Basilicum
cloves	Teentjes
ginger	Gember
coriander	Koriander
cinnamon	Kaneel
sesame	Sesam
bay leaf	laurier
paprika	paprika
caraway	Karwij
saffron	Saffraan

Words for eating Woorden voor het eten

food	Voedsel
to eat	om te eten
breakfast	Ontbijt
to have breakfast	om te ontbijten
lunch	Lunch
to have lunch	om te lunchen
dinner	Diner
to have dinner	om te dineren

appetite	Eetlust
Enjoy your meal!	Geniet van je maaltijd!
to open	om te openen
to spill	te morsen
to spill out	om uit te lekken
to boil	om te koken
to boil	om te koken
boiled	Gekookt
to cool	om af te koelen
to cool down	om af te koelen
taste, flavour	smaak, smaak
aftertaste	Nasmaak
to be on a diet	om op een dieet
diet	Dieet
vitamin	Vitamine
calorie	Calorie
vegetarian	Vegetarische
vegetarian	Vegetarische
fats	Vetten
proteins	Eiwitten
carbohydrates	Koolhydraten
slice	Segment
piece	Stuk
crumb	Crumb

spoon	Kutsara
knife	Kutsilyo
fork	Plug-in
cup	Tasa
plate	Plato
saucer	Platito
serviette	Panyo
toothpick	Toothpick

Restaurant Restaurant

restaurant	Restaurant
coffee bar	Kape shop
pub	Bar
tearoom	tsaa kuwarto
waiter	Weyter
waitress	Weytres
barman	Bartender
menu	Menu
wine list	listahan ng alak
to book a table	Aklat ng mesa
course, dish	ulam
to order	order (ulam)
to make an order	Gumawa ng order

aperitif	Aperitkung
starter	Miryenda
dessert	Dessert
bill	Account
to pay the bill	Bayaran ang bill
to give change	magbigay ng pagbabago
tip	Tip

Nakapalibot

Questionnaire Questionnaire

name, first name	Pangalan
family name	Apelyido
date of birth	Petsa ng kapanganakan
place of birth	Lugar ng kapanganakan
nationality	Nasyonalidad
place of residence	Tirahan
country	Bansa
profession	Propesyon
gender, sex	Kasarian (asawa o asawa)
height	Paglago
weight	Timbang

Relatives Kamag-anak

mother	Ina
father	Ama
son	Anak
daughter	Anak
younger daughter	bunsong anak
younger son	bunsong anak
eldest daughter	panganay na anak
eldest son	panganay na anak
brother	Kapatid
sister	Sister
cousin	Pinsan
cousin	Pinsan
mummy	Ni Inay
dad, daddy	Tatay
parents	Mga magulang
child	Anak
children	Mga anak
grandmother	Lola
grandfather	Lolo
grandson	Apo
granddaughter	Apong babae
grandchildren	Apo
uncle	Tiyo
aunt	Tiya

nephew	Pamangkin
niece	Pamangkin
mother-in-law	Biyenan
father-in-law	squicorr
son-in-law	Anak
stepmother	Sa
stepfather	Amain
infant	Sanggol
baby	Sanggol
little boy	Sanggol
wife	Asawa
husband	Asawa
married	Ikinasal
married	Ikinasal
single	MABUTI (pril.)
bachelor	Bachelor 's
divorced	nagdiborsyo
widow	Balo
widower	Balo
relative	Kamag-anak
close relative	isara ang kamag-anak
distant relative	malayong kamag-anak
relatives	kamag-anak
orphan	Isang ulila

guardian	Tagapag-alaga
to adopt	Magpatibay
to adopt	Magpatibay

Friends and Collegues Mga kaibigan at kasamahan

friend	Isang kaibigan
friend, girlfriend	Isang kaibigan
friendship	Pagkakaibigan
to be friends	Mga kaibigan
pal	Buddy
pal	Kaibigan
partner	Partner
chief	Punong
boss, superior	Ulo
subordinate	pumailalim (sic)
colleague	Kasamahan
acquaintance	kakilala (sic)
fellow traveller	Pasahero
classmate	Kaklase
neighbour	Kapwa
neighbour	Kapwa
neighbours	Kapitbahay

Words about people Mga salita tungkol sa mga

| woman | Babae |

girl, young woman	Babae
bride, fiancee	Nobya
beautiful	Magandang
tall	Mataas na
slender	Slim
short	mababang paglago
blonde	Blonde
brunette	Itim
ladies'	Babae
virgin	Birhen
pregnant	Buntis
man	Tao
blond haired man	Olandes
dark haired man	Itim
tall	Mataas na
short	mababang paglago
rude	Magaspang
stocky	Chunky
robust	Malakas
strong	Malakas
strength	kapangyarihan (tao)
stout, fat	buo (makapal)
swarthy	Swarang iyong
well-built	Balingkinitang

elegant	Matikas

Age — **Edad**

age	Edad
youth	Mga kabataan
young	Young
younger	Ilalim
older	Nakatatandang
young man	Batang
guy, fellow	Tao
old man	Matandang lalaki
old woman	Matandang babae
adult	Adult
middle-aged	Gitnang edad
elderly	Matatanda
old	Lumang
to retire	magpahinga
pensioner	Pensiyonado

Children — **Mga anak**

child	Anak
children	Mga anak
twins	Twins
cradle	iduyan, iduyan
rattle	Magpakalantog
nappy	Lampin

dummy, comforter	Utong
pram	stroller (Children)
nursery	Kindergarten
babysitter	Babysitting
childhood	Pagkabata
doll	Manika
toy	Laruan
construction set	Nagbuo (laro)
well-bred	Makapal tabla
ill-bred	masama-mannado
spoilt	Gagahasain
to be naughty	Galawgaw
mischievous	Mapaglarong
mischievousness	Nagbibiro (pag-uugali)
mischievous child	Varmint
obedient	Masunurin
disobedient	Galawgaw
docile	Smart (masunurin)
clever	Smart (mahusay)
child prodigy	Kababalaghan

Buhay may-asawa

Ang mag-asawa. Buhay may-asawa

to kiss	Halik
to kiss	Halik
family	Pamilya
family	Pamilya
couple	ilang, ilang
marriage	kasal (buhay-pamilya)
hearth	tahanan
dynasty	Dinastiyang
date	Petsa
kiss	Halik
love	Pagmamahal
to love	pag-ibig (l.)
beloved	Mahal sa isa
tenderness	Kalambingan
tender	Magiliw
faithfulness	Katapatan
faithful	Tapat
	pangangalaga sa taong
	Pangangalaga
newlyweds	Bagong kasal
honeymoon	Honeymoon
to get married	magpakasal
to get married	Magpakasal
wedding	Kasal

golden wedding	Ginintuang kasal
anniversary	Anibersaryo
lover	Katipan
mistress	Babaing punong-guro
adultery	Pandaraya
to commit adultery	Pagbabago
jealous	Mainggit
to be jealous	Mainggit
divorce	Diborsyo
to divorce	Diborsyo
to quarrel	Makipaglaban makipag-away
to be reconciled	Magparaya
together	Sama-samang
sex	Sex
happiness	Kaligayahan
happy	Masaya
misfortune	Kasawian
unhappy	Kaaba-abang

Feelings Damdamin

feeling	pakiramdam
feelings	damdamin
to feel	na madama
hunger	gutom
to be hungry	na magutom

thirst	uhaw
to be thirsty	na maging nauuhaw
sleepiness	antok
to feel sleepy	na malungkot
tiredness	pagod
tired	pagod
to get tired	upang mapagod
mood	mood
boredom	kainipan
to be bored	upang mainip
seclusion	isang lugar
to seclude oneself	upang seclude ang sarili
to worry	na mag-alala
to be worried	na nag-aalala
anxiety	pag-aalala
preoccupied	abala
to be nervous	na kabado
to panic	sa takot
hope	pag-asa
to hope	sa pag-asa
certainty	katiyakan
certain, sure	tiyak, sigurado
uncertainty	kawalang-katiyakan
uncertain	hindi tiyak

drunk	lasing
sober	mahinahon
weak	mahina
happy	masaya
to scare	sa nakakatakot
rage	galit
depression	depression
discomfort	kakulangan sa ginhawa
comfort	kapanatagan
to regret	na pinagsisisihan
regret	pagsisisihan
bad luck	Bad luck
sadness	kalungkutan
shame	kahihiyan
merriment	merriment
enthusiasm	sigla
enthusiast	Mahilig
to show enthusiasm	upang magpakita ng sigla

Personal Traits Personal na katangian

character	pagkatao
character flaw	kapintasan ng character
mind	isipan
reason	dahilan

conscience	budhi
habit	gawi
ability	kakayahan
can	Maaari
patient	pasyente
impatient	naiinip
curious	mausisa
curiosity	pag-uusisa
modesty	pagiging disente
modest	disenteng
immodest	mahalay
lazy	tamad
lazy person	tamad na tao
cunning	katusuhan
cunning	katusuhan
distrust	hindi magtiwala
distrustful	distrustful
generosity	kabutihang-loob
generous	bukas-palad
talented	mahuhusay
talent	talento
courageous	matapang
courage	tapang
honest	tapat

honesty	katapatan
careful	maingat
courageous	matapang
serious	malubhang
strict	mahigpit
decisive	mapagpasyang
indecisive	malamyang
shy, timid	mahiyain, mahiyain
shyness, timidity	pagkamahiyain, timtigas
confidence	tiwala
to believe	na maniwala
trusting, naive	pagtitiwala, walang-muwang
sincerely	taos-puso
sincere	tapat
sincerity	katapatan
calm	kalmado
frank	Frank
naive, naive	walang ang walang-muwang, walang ...
absent-minded	ang kaisipan
funny	nakakatawa
greed	kasakiman
greedy	matakaw
evil	masama
stubborn	matigas

unpleasant	hindi kasiya-siya
selfish person	sakim na tao
selfish	makasarili
coward	duwag
cowardly	duwag

Sleep Pagtulog

to sleep	matulog
sleep, sleeping	matulog, natutulog
dream	panaginip
to dream	sa panaginip
sleepy	inaantok
bed	kama
mattress	kutson
blanket	kumot
pillow	unan
sheet	sheet
insomnia	hindi pagkakatulog
sleepless	nakatulog
sleeping pill	natutulog tableta
to take a sleeping pill	upang kumuha ng isang natutulog tableta
to feel sleepy	na malungkot
to yawn	upang yawn
to go to bed	matulog
to make up the bed	upang gumawa ng up ang kama

to fall asleep	upang makatulog
nightmare	bangungot
snoring	snoring
to snore	para Ginoo ang
alarm clock	Alarma Clock
to wake	upang gisingin
to wake up	upang gisingin
to get up	upang makakuha ng up
to wash oneself	upang hugasan ang sarili

Laugh	**Tumawa**
humour	pagpapatawa
sense of humour	pakiramdam ng pagpapatawa ang aming
to have fun	na magsaya
cheerful	masaya
merriment, fun	merriment, masaya
smile	ngiti
to smile	na ngumiti
to start laughing	para magsimulang tumawa
to laugh	na tumawa
laugh, laughter	tumawa, tawanan
anecdote	maikling
funny	nakakatawa
funny	nakakatawa
to joke, to be kidding	upang biro, upang kidding

joke	biro
joy	kagalakan
to rejoice	na magalak
glad	Natutuwa

Communication

Komunikasyon

communication	komunikasyon
to communicate	upang makipag-usap
conversation	pag-uusap
dialogue	Dialogue
discussion	talakayan
debate	debate
to debate	sa debate
interlocutor	interlocutor
topic	paksa
point of view	pananaw
opinion	opinyon
speech	pananalita
discussion	talakayan
to discuss	upang talakayin
talk	kausapin
to talk	upang makipag-usap
meeting	pulong
to meet	upang salubungin
proverb	kasabihan

saying	sinasabing
riddle	palaisipan
to ask a riddle	humingi ng palaisipan
password	password
secret	lihim
oath	sumpa
to swear	upang sumumpa
promise	pangako
to promise	upang mangako
advice	payo
to advise	upang payuhan
to follow one's advice	sundin ang payo ng isang tao
news	balita
sensation	pang-amoy
information	impormasyon
conclusion	pagtatapos
voice	tinig
compliment	papuri
kind	uri
word	salita
phrase	katagang
answer	sagot
truth	katotohanan
lie	kasinungalingan

thought	Naisip
idea	ideya
fantasy	pantasiya

Talk Kausapin

respected	iginagalang
to respect	igalang ang
respect	paggalang
Dear...	Mahal na ...
to introduce	upang ipakilala
to make acquaintance	upang gumawa ng mga kakilala
intention	balak
to intend	upang layunin
wish	nais
to wish	na nais
surprise	sorpresa
to surprise	sa sorpresa
to be surprised	na magulat
to give	na magbigay
to take	na kumuha
to give back	upang ibalik
to return	upang bumalik
to apologize	sa paumanhin
apology	paghingi tawad

to forgive	patawarin ang
to talk	upang makipag-usap
to listen	na makinig
to hear... out	upang marinig ... out
to understand	na maunawaan
to show	upang ipakita
to look at ...	upang tumingin sa ...
to call	na tumawag
to distract	upang makagambala
to disturb	sa
to pass	upang pumasa
demand	demand
to request	Hilingin sa
demand	demand
to demand	upang demand
to tease	para tuksuhin ang
to mock	sa pangungutya
mockery, derision	pangungutya, pangungutya
nickname	palayaw
allusion	sadyang
to allude	para bansag ang
to imply	upang ipahiwatig
description	Description
to describe	upang ilarawan

praise	papuri
to praise	upang purihin
disappointment	kabiguan
to disappoint	upang biguin
to be disappointed	na mabigo
supposition	mapananatili
to suppose	na ipagpalagay
warning, caution	babala, mag-ingat
to warn	upang balaan
to talk into	makipag-usap sa
to calm down	upang huminahon
silence	katahimikan
to keep silent	na panatilihing tahimik
to whisper	para ibulong
whisper	bulong
frankly	lantaran
in my opinion ...	sa aking opinyon ...
detail	detalye
detailed	detalyadong
in detail	sa detalye
hint, clue	Hint, clue
to give a hint	upang magbigay ng isang hint
look	Hanapin
to have a look	magkaroon ng isang hitsura

fixed	fixed
to blink	para Blink ang
to wink	para kindat ang
to nod	para nod ang
sigh	napabuntung-hininga
to sigh	para napabuntung-hininga ang
to shudder	para hinihigop ang
gesture	gesture
to touch	upang hawakan
to seize	upang sakupin
to tap	upang tapikin ang
Look out!	Hitsura out!
Really?	Talagang?
Good luck!	Good luck!
I see!	Nakikita ko!
It's a pity!	Ito ay isang awa!

Agreement and Disagreement — Kasunduan at hindi pagkakasundo

consent	pahintulot
to agree	upang sumang-ayon
approval	Pagsang-ayon sa
to approve	upang aprubahan
refusal	pagtanggi
to refuse	upang tanggihan
Great!	Dakilang!

All right!	Sige na!
Okay!	Okey!
forbidden	ipinagbabawal
it's forbidden	ito ay ipinagbabawal
incorrect	maling
to reject	upang tanggihan
to support	upang suportahan ang
to accept	tanggapin ang
to confirm	upang kumpirmahin
confirmation	kumpirmasyon
permission	pahintulot
to permit	upang pahintulutan
decision	desisyon
to say nothing	magsabi ng walang
condition	kalagayan
excuse	dahilan
praise	papuri
to praise	upang purihin

Success and defeat Tagumpay at pagkatalo

success	
successfully	tagumpay
successful	matagumpay
good luck	matagumpay

Good luck!	Good luck
lucky	Good luck!
lucky	masuwerteng
failure	masuwerteng
misfortune	kabiguan
bad luck	kasawian
unsuccessful	Bad luck
catastrophe	hindi matagumpay
pride	sakuna
proud	kapalaluan
to be proud	palalo
winner	na maging palalo
to win	nagwagi
to lose	upang manalo
try	upang mawala
to try	subukan
chance	upang subukan
pagkakataon	
shout	sumigaw
to shout	na sumigaw
to start to cry out	upang magsimulang sumigaw
quarrel	makipaglaban makipag-away
to quarrel	sa alitan
fight	labanan

to have a fight	upang magkaroon ng isang labanan
conflict	labanan
misunderstanding	maling pagkaunawa
insult	mang-insulto
to insult	sa paghamak
insulted	Iniinsulto
offence	pagkakasalang pinarurusahan
to offend	upang makasakit
to take offence	upang huwag maging pinarurusahan
indignation	galit
to be indignant	na kaaway
complaint	reklamo
to complain	upang magreklamo
apology	paghingi tawad
to apologize	sa paumanhin
to beg pardon	upang humingi ng patawad
criticism	pagpula
to criticize	upang pintasan
accusation	paratang
to accuse	upang akusahan
revenge	paghihiganti
to avenge	upang ipaghiganti
to pay back	upang bayaran muli
disdain	aaba

to despise	upang hamakin
hatred, hate	pagkamuhi, galit
to hate	sa galit
nervous	kinakabahan
to be nervous	na kabado
angry	galit
to make angry	upang gumawa ng galit
to scold???	upang pagalitan???
humiliation	paghamak
to humiliate	para humamak ang
to humiliate oneself	upang humamak ang sarili
shock	shock
to shock	sa shock
trouble	problema
unpleasant	hindi kasiya-siya
fear	takot
terrible	kakila-kilabot
scary	nakakatakot
horror	masidhing takot
awful	kakila-kilabot
to begin to tremble	upang magsimulang manginig
to cry	upang umiyak
to start crying	para masimulan ang pag-iyak
tear	luha

fault	kasalanan
guilt	pagkakasala
dishonour	kasiraang puri
protest	protesta
stress	stress
to disturb	sa
to be furious	na galit
angry	galit
to end	hanggang wakas
to be scared	na matakot
to hit	na matumbok
to fight	upang labanan
to settle	upang manirahan
discontented	discontented
furious	galit na galit
It's not good!	Hindi ito mabuti!
It's bad!	Ito ay masama!

Medicine Gamot

Illness Karamdaman

illness	karamdaman
to be ill	na magkasakit
health	kalusugan

runny nose	Ranni ilong
tonsillitis	tonsilitis
cold	malamig
to catch a cold	upang mahuli ang isang malamig na
bronchitis	brongkitis
pneumonia	pulmonya
flu	trangkaso
short-sighted	panandaliang Marwan
long-sighted	matagal nang Marwan
squint	banlag
squint-eyed	banlag-mata
cataract	Cataract
glaucoma	glaucoma
stroke	stroke
heart attack	atake sa puso
myocardial infarction	myocardial infar
paralysis	paralisis
to paralyse	para mauwi ang
allergy	allergy
asthma	hika
diabetes	diyabetis
toothache	toothache
caries	caries
diarrhoea	pagtatae

constipation	dumi
stomach upset	tiyan nagagalit
food poisoning	pagkalason sa pagkain
to poison oneself	upang yedra ang sarili
arthritis	arthritis
rickets	rakitis
rheumatism	rheumatism
atherosclerosis	atherosclerosis
gastritis	kabag
appendicitis	apendisitis
cholecystitis	cholecystitis
ulcer	ulser
measles	tigdas
German measles	Aleman tigdas
jaundice	paninilaw
hepatitis	Hepatitis
schizophrenia	skisoprenya
rabies	rabis
neurosis	neurosis
concussion	utak
cancer	kanser
sclerosis	sclerosis
multiple sclerosis	maramihang sclerosis
alcoholism	alkoholismo

alcoholic	alcoholic
syphilis	syphilis
AIDS	AIDS
tumour	tumor
fever	lagnat
malaria	malaria
gangrene	kanggrenahin
seasickness	seasickness
epilepsy	Himatay
epidemic	epidemya
typhus	typhus
tuberculosis	tuberculosis
cholera	kolera
plague	salot

Symptoms and Treatment — Mga sintomas at paggamot

symptom	sintomas
temperature	temperatura
fever	lagnat
pulse	pulso
giddiness	pagkalula
hot	mainit
shivering	nanginginig
pale	maputla

cough	ubo
to cough	sa ubo
to sneeze	para pagbahin ang
faint	manghina
to faint	na manghina
bruise	dudurugin
bump	mauntog
to bruise oneself	upang
bruise	dudurugin
to get bruised	upang makakuha ng nabugbog
to limp	para paika-ika ang
dislocation	Dislokasyon
to dislocate	upang dishanapin
fracture	bali
to have a fracture	upang magkaroon ng bali
cut	Gupitin
to cut oneself	upang i-cut ang sarili
bleeding	dumudugo
burn	susunugin
to burn oneself	upang sunugin ang sarili
to prickle	para prickle ang
to prickle oneself	upang prickle ang sarili
to injure	upang saktan
injury	pinsala

wound	sugat
trauma	trauma
to be delirious	upang maging delira
to stutter	upang stbigkasin
sunstroke	sunstroke
pain	sakit
splinter	subyang
sweat	pawis
to sweat	sa pawis
vomiting	pagsusuka
convulsions	kinumbulsiyon
pregnant	buntis
to be born	upang maipanganak
delivery, labour	paghahatid, paggawa
to labour	sa paggawa
abortion	abortion
respiration	pamamagitan
inhalation	paglanghap
exhalation	exhalation
to breathe out	upang huminga
to breathe in	huminga sa
disabled person	taong may kapansanan
cripple	pilay
drug addict	gamot adiksyon

deaf	bingi
dumb	pipi
deaf-and-dumb	bingi-at-pipi
mad, insane	baliw, baliw
madman	baliw
madwoman	madwoman
to go insane	na pumunta mabaliw
gene	gene
immunity	kaligtasan sa sakit
hereditary	minamana
congenital	sapul
virus	virus
microbe	microbe
bacterium	bacterium
infection	impeksyon
hospital	ospital
patient	pasyente
diagnosis	diyagnosis
cure	lunas
treatment	paggamot
to get treatment	upang makakuha ng paggamot
to treat	sa paggamot sa
to nurse	sa nars
care	pangangalaga

operation, surgery	operasyon, operasyon
to bandage	sa Bena
bandaging	bandaging
vaccination	pagbabakuna
to vaccinate	para magpabakuna ang
injection, shot	iniksyon, pagbaril
to give an injection	upang magbigay ng iniksyon
attack	atake
amputation	amputation
to amputate	para amputate ang
coma	walang-malay
to be in a coma	na walang-malay
intensive care	intensive care
to recover	upang mabawi ang
state	estado
consciousness	kamalayan
memory	memory
to extract	upang kunin
filling	pagpuno
to fill	upang punan
hypnosis	Hipnosis
to hypnotize	para hypnotize ang

Medical specialties   Medikal na specialties

| doctor | doktor |

nurse	nars
private physician	pribadong doktor
dentist	dentista
ophthalmologist	optalmolohista
general practitioner	pangkalahatang practitioner
surgeon	surgeon
psychiatrist	saykayatrista
paediatrician	pedyatrisyan
psychologist	psychologist
gynaecologist	gynecologist
cardiologist	cardiologist

Medicines Mga gamot

medicine, drug	gamot, droga
remedy	lunas
to prescribe	upang magreseta
prescription	reseta
tablet, pill	tablet, tableta
ointment	ointment
ampoule	ampoule
mixture	timpla
syrup	syrup
pill	tableta
powder	pulbos

bandage	benda
cotton wool	koton lana
iodine	yodo
plaster	plaster
eyedropper	eyedropper
thermometer	thermometer
syringe	hiringgilya
wheelchair	wheelchair
crutches	saklay
painkiller	painkiller
laxative	pampurga
spirit, ethanol	Espiritu, ethanol
medicinal herbs	nakapagpapagaling damo
herbal	erbal

Smoking   Paninigarilyo

tobacco	tabako
cigarette	sigarilyo
cigar	tabako
pipe	pipe
packet	packet
matches	tugma
matchbox	matchbox
lighter	layter
ashtray	ashtray

cigarette case	kaso ng sigarilyo
cigarette holder	may-ari ng sigarilyo
filter	filter
to smoke	sa usok
to light a cigarette	sa liwanag ng sigarilyo
smoking	paninigarilyo
smoker	smoker
cigarette end	katapusan ng sigarilyo
smoke	usok
ash	abo